curiosidad por

DISNEY

POR RACHEL GRACK

¿Qué te causa

curiosidad?

CAPÍTULO TRES

Apuesto a que no sabías ...
PÁGINA
16

Curiosidad por es una publicación de Amicus
P.O. Box 227, Mankato, MN 56002
www.amicuspublishing.us

Editora: Alissa Thielges
Diseñadora: Kathleen Petelinsek
Investigación fotográfica: Omay Ayres

Información del Catálogo de publicaciones está
disponible de la Biblioteca del Congreso
Names: Koestler-Grack, Rachel A., 1973- author.
Title: Curiosidad por Disney / by Rachel Grack.
Other titles: Curious about Disney. Spanish
Description: Mankato, MN : Amicus, [2024] | Series: Curiosidad
por las marcas favoritas | Includes bibliographical references
and index. | Audience: Ages 6–9. | Audience: Grades 2–3. |
Summary: "Kid-friendly questions take elementary readers behind
the scenes of Disney to spark their curiosity about the brand's
history, products, and cultural impact. Translated into North
American Spanish"—Provided by publisher.
Identifiers: LCCN 2022048068 (print) | LCCN 2022048069
(ebook) | ISBN 9781645495918 (library binding) | ISBN
9781681529585 (paperback) | ISBN 9781645496212
(ebook) Subjects: LCSH: Walt Disney Company—Juvenile
literature. | Motion picture studios–History–Juvenile literature.
Classification: LCC PN1999.W27 K6418 2023 (print) | LCC
PN1999.W27 (ebook) | DDC 384/.806579493—dc23/
eng/20221221

¿Quién empezó Disney?

Dos hermanos, Walt y Roy. Tenían grandes sueños. Walt Disney era un artista. Dibujaba caricaturas. Roy era empresario. En 1923, **filmaron** juntos «Las comedias de Alice». Alice era una niña real con un gato de caricatura. Estas películas cortas usaban acción real y **animación**. Se convirtieron en las primeras caricaturas de Walt Disney Company.

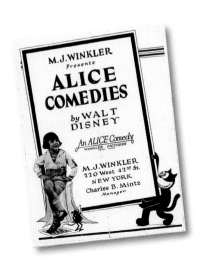

Walt Disney (derecha) con su hermano, Roy.

¿SABÍAS?

¡Walt Disney vendió su primer dibujo cuando tenía siete años!

¿Disney hace algo más que películas?

Un crucero de Disney zarpa de Miami, Florida.

¡Sí, mucho más! Disney es una compañía enorme de **entretenimiento**. Produce programas de TV, libros, juguetes y juegos. Disney es dueño de **parques temáticos** y cruceros. Es una de las **marcas** más grandes del mundo. Pero Disney es más que solo un negocio. Su meta es hacer feliz a la gente. ¡Y es lo que ha estado haciendo desde hace 100 años!

CAPÍTULO DOS

¿Cuál fue el primer largometraje de Disney?

Blanca Nieves de Disney fue un éxito enorme.

Blanca Nieves y los siete enanos en 1937. Fue el primer largometraje animado hecho en Estados Unidos. Duraba más de una hora. Algunos pensaron que era demasiado larga para una caricatura. Estaban equivocados. ¡Les encantó tanto a los niños como a los adultos! Actualmente, Disney es famoso por sus películas **taquilleras**.

BLANCA NIEVES Y
LOS SIETE ENANOS (1937):
PRIMER LARGOMETRAJE ANIMADO
EN ESTADOS UNIDOS

MARY POPPINS (1964):
PRIMER LARGOMETRAJE
QUE USÓ TANTO
ANIMACIÓN COMO ACCIÓN REAL

EL LIBRO DE LA SELVA (1994):
PRIMERA NUEVA VERSIÓN DE
UNA PELÍCULA ANIMADA DE
DISNEY CON ACCIÓN REAL

TOY STORY (1995):
PRIMERA PELÍCULA
TOTALMENTE ANIMADA
POR COMPUTADORA

FROZEN II (2019):
LA PELÍCULA ANIMADA DE DISNEY
CON MAYOR RECAUDACIÓN

¿Podría yo hacer una película de Disney?

¡Claro! Pero no solo. Se necesitan cientos de personas trabajando juntas. Cada película de Disney empieza con una gran idea. Algunas personas escriben la historia. Otras buscan las voces para los personajes. En la actualidad, los artistas usan principalmente computadoras para hacer la animación. ¡Una película completa puede llevar cinco años de principio a fin! ¿Aguantarías tanto tiempo?

DE LA HISTORIA A LA PANTALLA

1. Guión gráfico
2. Arte conceptual
3. Modelado en 3D
4. Sombreado y animación
5. Grabar las voces
6. Efectos finales y sonido

El estudio de animación de Disney está en Burbank, California.

Coco

¿Cuántas películas de Disney existen?

Monsters, Inc.

Buscando a Dory

Disney tiene más de 60 películas animadas. ¡Y hay más de 300 películas de acción real! Muchas películas se **transmiten** en Disney+ y otras **cadenas de TV**. Disney Channel también hace sus propias películas. Disney también es dueño de otras compañías cinematográficas. Pixar es una de ellas. Esta compañía ayudó a hacer *Toy Story*.

Frozen II

¿SABÍAS?
Walt Disney ganó 32 Premios de la Academia. ¡Todo un récord!

¿Cómo es estar en un parque temático de Disney?

California Adventure

Anaheim, California

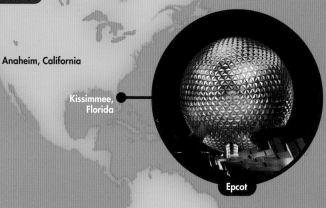

Kissimmee, Florida

Epcot

Parques temáticos de Disney

Anaheim, California
- Disneyland
- California Adventure

Kissimmee, Florida
- Epcot
- Hollywood Studios
- Animal Kingdom
- Magic Kingdom

Marne-la-Vallée, Francia
- Disneyland París
- Walt Disney Studios Park

Tokio, Japón
- Disneyland Tokio
- DisneySea Tokio

China
- Disneyland Hong Kong
- Disneyland Shanghai

Se siente como algo mágico. Los edificios y las calles son como en las películas de Disney. Puedes conocer a tus personajes favoritos. Hay atracciones, desfiles y música. Todas las noches se lanzan fuegos artificiales detrás del castillo gigante. Hay 12 parques de Disney en todo el mundo. Cada uno es diferente a los demás.

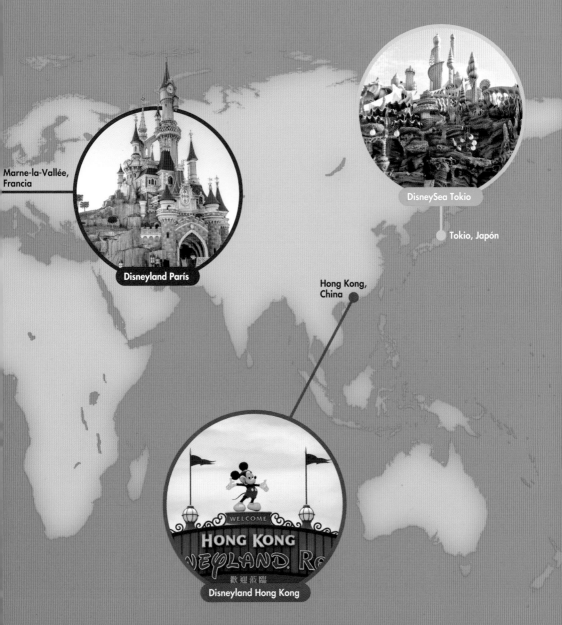

Marne-la-Vallée, Francia

Disneyland París

DisneySea Tokio

Tokio, Japón

Hong Kong, China

Disneyland Hong Kong

¿Por qué algunas voces de Disney suenan familiares?

Probablemente sea alguien famoso. Muchos personajes de Disney tienen voces de **celebridades**. Todo comenzó con el gran Genio azul de *Aladdin*. Tenía la voz del actor Robin Williams. Antes las voces de los personajes las hacían **actores de doblaje** desconocidos. Pero las palabras mágicas del Genio cambiaron las películas para siempre. ¿Qué celebridad da voz a tu personaje favorito?

Williams inventó
muchas de sus propias
líneas para el Genio.

¿Cuál es el personaje de Disney más famoso?

Mickey forma parte de la marca Disney.

Casi todos conocen a Mickey Mouse. Tal vez no sea tu favorito. Pero es el que más ha perdurado. Desde 1928, Mickey ha protagonizado más de 100 películas y cortos de Disney. Su apariencia ha cambiado a lo largo de los años. Pero sus orejas negras y redondas son un símbolo de Disney muy famoso.

Walt Disney hizo la voz de Mickey durante 20 años.

¿SABÍAS?

Mickey tiene una estrella en el Paseo de la Fama de Hollywood.

¿En verdad Disney usa magia?

¡Así parece! Después de todo, se llama «el mundo mágico de Disney». La verdadera magia es la historia. Disney cuenta historias que las personas de todas las edades aman. La manera como cada historia toca sus corazones es mágica. Ese es el don de la narración. Es el secreto del gran éxito de Disney.

Estallan los fuegos artificiales en Magic Kingdom en Florida.

HAZ MÁS PREGUNTAS

¿Dónde creció Walt Disney?

¿Cuántos películas cortas de Disney existen?

Prueba con una PREGUNTA GRANDE: ¿Cómo puedo hacer una película animada en mi computadora?

BUSCA LAS RESPUESTAS

Busca en el catálogo de la biblioteca o en Internet.
Pueden ayudarte tus padres, un bibliotecario o un maestro.

Usar palabras clave
Busca la lupa.

Las palabras clave son las palabras más importantes de tu pregunta.

¿

Si quieres saber sobre:

- La vida de Walt Disney, escribe: BIOGRAFÍA DE WALT DISNEY

- Los cortos de Disney, escribe: CORTOS DE DISNEY

GLOSARIO

actor de doblaje Persona cuyo trabajo es prestar su voz para un personaje de caricatura.

animación Un tipo de película o programa de TV hecho con dibujos de caricatura.

cadena de TV Un grupo de estaciones de radio o TV que transmiten el mismo tipo de programas.

celebridad Una persona famosa, por ejemplo, una estrella de cine o un atleta profesional.

entretenimiento Actividades que la gente hace para divertirse.

filmar Usar una cámara para grabar una acción.

marca Un grupo de productos hechos por una misma compañía o que le pertenecen.

parque temático Un parque grande con atracciones, actividades, restaurantes y edificios basados en un mismo tema o idea.

taquillero Algo que tiene mucho éxito.

transmitir Enviar un video a través de internet para que otros lo vean.

ÍNDICE

Acerca de la autora

Rachel Grack es editora y escritora de libros para niños desde 1999. Vive en un pequeño rancho en el sur de Arizona. Como para todo amante de las historias, Disney siempre fue muy importante para ella.